Tröstendes

—

Ein Verschenkbuch für Trauernde

Gesammelte Sprüche

mit Fotos

von

Angeline Bauer

Impressum
Copyright © 2016 by arp
1. Ausgabe April 2016
Herausgeber by arp
Ledererstraße 12, 83224,Grassau, Deutschland

Covergestaltung by arp
Fotos: Angeline Bauer

www.by-arp.de

Es gibt für alles einen Anfang
und für alles ein Ende.

Lautlos herangeschwebt,

sanft niedergelassen,

nicht einen Flügelschlag verweilt,

in den Himmel entschwunden.

(unbekannt)

Erinnerungen sind das Land,
aus dem wir
nicht vertrieben werden können

(Spruch)

Nichts ist gewisser als der Tod,
nichts ist ungewisser als seine Stunde.

(Anselm von Canterbury)

Ist dir an schlechten Tagen

Das Herz voll Traurigkeit,

lass Dir nur tröstlich sagen:

Die Welt ist schön und weit

(unbekannt)

Alles, was blüht, vergeht.

(Volksweisheit)

Fange nie an aufzuhören,

höre nie auf anzufangen

Gestorben sind der Körper
und das Leid –
die Liebe bleibt im Herzen
alle Zeit

(unbekannt)

—

Tröste dich, die Stunden eilen,
und was all´ dich drücken mag,
auch das Schlimmste kann nicht weilen,
und es kommt ein andrer Tag.

(Theodor Fontane)

Ich werde die wiedersehen,

die ich auf Erden geliebt habe,

und jene erwarten,

die mich lieben.

(Antoine de Saint-Exupéry)

Für jeden steht ein Tag fest,

kurz und unwiderruflich

ist unser aller Zeit.

(Vergil)

Hoffnung kann erst nach der Trauer

kommen...

Hast Du Angst vor dem Tod?", fragte der
kleine Prinz die Blume.
Darauf antwortete sie: „Aber nein, ich
habe doch gelebt, habe geblüht und meine
Kräfte eingesetzt, soviel ich konnte. Und
Liebe, tausendfach verschenkt, kehrt
wieder zurück zu dem, der sie gegeben. So
will ich warten auf das neue Leben und
ohne Angst und Verzagen verblühen."

(Antoine de Saint-Exupéry)

12

Nichts ist so hoffnungslos,
dass wir nicht Grund zu neuer Hoffnung
fänden.

(Nicolaus Machiavelli)

Gott gebe dir für jeden Sturm einen
Regenbogen,
für jede Träne ein Lächeln,
für jede Sorge eine Aussicht
und eine Hilfe in jeder Schwierigkeit.
Für jedes Problem, das das Leben schickt,
einen Freund, es zu teilen,
für jeden Seufzer ein schönes Lied
und eine Antwort auf jedes Gebet.

(Irischer Segenswunsch)

Wenn durch einen Menschen
ein wenig mehr Liebe und Güte,
ein wenig mehr Licht und Wahrheit in
der Welt war, dann hat sein Leben einen
Sinn gehabt.

(Marie von Ebner-Schenbach)

Trösten ist eine Kunst des Herzens.
Sie besteht oft nur darin, liebevoll
zu schweigen und schweigend
mitzuleiden.

(Otto von Leixner)

Niemand kann einem anderen
die Tränen trocken, ohne sich dabei
die Hände nass zu machen

(Afrikanisches Sprichwort)

Eines Morgens wachst du nicht mehr auf.
Die Vögel aber singen, wie sie gestern sangen.
Nichts ändert diesen neuen Tagesablauf. -
Nur du bist fortgegangen -
Du bist nun frei und unsere Tränen
wünschen dir Glück.

(Johann Wolfgang von Goethe)

Wir treten aus dem Schatten

bald in ein helles Licht.

Wir treten durch den Vorhang

vor Gottes Angesicht.

Wir legen ab die Bürde, das müde

Erdenkleid;

sind fertig mit den Sorgen

und mit dem letzten Leid.

Wir treten aus dem Dunkel

nun in ein helles Licht.

Warum wir's Sterben nennen? Ich weiß es

nicht.

(Dieter Bonhoeffer)

Der Tod ist das Tor zum Leben

*

(Inschrift am Tor des Friedhofes einer kleinen Gemeinde in Oberfranken)

Sei nicht traurig –
die Liebe holt dich ein!

(unbekannt)

So ist es auf Erden:
Jede Seele wird geprüft
und wird auch getröstet.

(Fjodor M. Dostojewski)

Wir sind froh,

dass wir ihn hatten.

Wir sind traurig,

dass er uns genommen wurde.

Wir sind dankbar,

dass wir bei seinem Abschied

nicht einsam sein mussten.

Der Gedanke an die Vergänglichkeit

aller irdischen Dinge

ist ein Quell unendlichen Leids –

und ein Quell unendlichen Trostes.

(Marie von Ebner-Eschenbach)

Das kostbarste Vermächtnis

eines Menschen

ist die Spur,

die seine Liebe

in unseren Herzen zurückgelassen hat.

(unbekannt)

Du meinst du bist am Ende -
am Ende bist du nicht!
Du musst nur durch das Dunkel,
danach wird's wieder licht.

(unbekannt)

Es gibt viel Trauriges in der Welt
und viel Schönes.
Manchmal scheint das Traurige
mehr Gewalt zu haben,
als man ertragen kann,
dann stärkt sich indessen leise das Schöne
und berührt wieder unsere Seele.

(Hugo von Hofmannsthal)

*

Man lebt zweimal.
Das erste Mal in der Wirklichkeit,
das zweite Mal in der Erinnerung.

(Honor de Balzac)

Wenn ihr mich sucht, sucht mich in euren Herzen,
hab ich dort eine Bleibe gefunden, bin ich immer bei euch.

(Antoine de Saint-Exupry)

Liebe tröstet,

wie Sonnenschein nach Regen.

(William Shakespeare)

Ein langer Weg liegt hinter dir,
warst hier im Erdenreich gefangen,
Ein Weg voll Freud, voll Leid, voll Glück.
Nun kehrst du heim zu ihr,
die dir vorausgegangen.

(unbekannt)

Ihr, die ihr mich so geliebt habt,

seht nicht auf das Leben, das ich beendet

habe,

sondern auf das, welches ich beginne.

(Augustinus)

Wenn dir jemand erzählt, dass die Seele

mit dem Körper zusammen vergeht, und

dass das, was einmal tot ist, niemals

wiederkommt, so sage ihm:

Die Blume geht zugrunde, aber der Same

bleibt zurück und liegt vor uns,

geheimnisvoll, wie die Ewigkeit des

Lebens.

(Khalil Gibran)

Was auch kommen mag, sei ohne Sorgen!
Nach jeder Nacht beginnt ein neuer
Morgen.
In jedes Dunkel kommt ein neues Licht,
das hell und strahlend
durch düstre Wolken bricht.
Zeigt die trübe, dunkle Seite
dir auch oft das Leben,
ist's vom Bild doch nur der Schatten,
um das Licht zu heben.

(Anastasius)

Man stirbt, wie man lebte;

das Sterben gehört zum Leben,

nicht zum Tod.

(Ludwig Marcuse)

Niemand kennt den Tod.

Es weiß auch keiner,

ob er nicht das größte Geschenk

für den Menschen ist.

(Sokrates)

Alle weltlichen Dinge sind
nur ein Traum im Frühling.
Betrachte den Tod
als Heimkehr.

(Konfuzius)

Es gibt ein Bleiben im Gehen,
ein Gewinnen im Verlieren,
im Ende einen Neuanfang.

(Volksweisheit)

So ist der Tod auch ein Bad nur.
Aber drüben am anderen Ufer
liegt uns bereitet ein neu Gewand.

(Emanuel Geibel)

Und meine Seele spannte weit ihre Flügel aus,

flog durch die stillen Lande

als flöge sie nach Haus ...

(Joseph von Eichendorff)

Der Meister kam die Form zerbrechen,
mit weiser Hand, zur rechten Zeit

(Friedrich Schiller)

Bedenke, über alles Leid,
das die Tage bringen,
zieht mit raschen Schwingen
tröstend hin die Zeit.

(unbekannt)

Und wenn du dich getröstet hast,
wirst du froh sein, mich gekannt zu
haben. Du wirst immer mein Freund sein.
Du wirst dich daran erinnern,
wie gerne du mit mir gelacht hast.

(Antoine de Saint-Exupry)

Des Menschen Seele gleicht dem Wasser:
Vom Himmel kommt es, zum Himmel
steigt es, und immer wieder nieder zur
Erde muss es, ewig wechselnd.

(Johann Wolfgang von Goethe)

Als der Regenbogen verblasste, kam der Albatros und trug mich mit sanften Schwingen weit über die sieben Weltmeere.

Behutsam setzte er mich an den Rand des Lichts. Ich trat hinein und fühlte mich geborgen.

Ich habe euch nicht verlassen, ich bin euch nur ein Stück voraus.

(unbekannt)

Der Berg ist überschritten; nun wird es leichter gehen.

(Friedrich der Große)

Siehe, die Trauer,

sie ist des Trauernden einziger Trost.

(Rupert Hamerling)

Der Tod kommt immer zu früh –

auch wenn man ihn erwartet hat.

(unbekannt)

*

Jede Zeit hat ihr Ende, jedes Ende seine

Zeit.

Einige Menschen haben die Gabe Engeln
zu begegnen!
Andere Menschen haben die Kraft,
diese Engel wieder gehen zu lassen!
Ihr seid ganz besondere Menschen:
Ihr hattet die Gabe und die Kraft,
und Euer Engel bleibt für immer
in Euren Herzen!

(Arthur Schopenhauer)

Das Sichtbare vergeht, doch das
Unsichtbare bleibt ewig.

(Aus der Bibel)

Ein junges Leben - im Werden noch -
wird uns genommen.
Aber nur kurz, und nur aus unserem
Blick,
denn es wird immer sein und bald schon
wiederkehren.

(John Keats)

41

Es tut so gut, mal wieder hemmungslos
zu weinen
und nicht zu fragen, was wohl die
anderen meinen.
Sich einfach nur den Tränen überlassen
und nicht versuchen,
sich zu fassen.
Dann braucht man eine Hand und ein
Gesicht. Mehr nicht.

(unbekannt)

Der Fluss des Lebens

mündet ins Meer der Ewigkeit.

Laß mein Aug den Abschied sagen,

Den mein Mund nicht nehmen kann!

Schwer, wie schwer ist er zu tragen,

Und ich bin doch sonst ein Mann.

(Johann Wolfgang von Goethe)

Als ich meinen Schmerz auf dem Feld der

Geduld aussäte,

erwuchs aus ihm die Frucht des Glücks.

(Khalil Gibran)

Die Abendsonne überm Wald,
in goldenen Wolken ruht.
Ein jeder legt sein Werkzeug hin
und schwenkt zum Gruß den Hut:
S'ist Feierabend, s'ist Feierabend,
das Tagwerk ist vollbracht.
's geht jeder seiner Heimat zu,
ganz leise kommt die Nacht.

Es zieht der Frieden durch die Brust
und singt sein Schlummerlied.
Aus längst vergangnen Zeiten rauscht,
es heimlich durchs Gemüt:
S'ist Feierabend …

(Zwei Strophen eines Liedes von Anton
Günther, einem deutschen Volksdichter und
Sänger)

Ein ewig Rätsel ist das Leben,
und ein Geheimnis bleibt der Tod.

(Emmanuel Geibel)

Auch das ist eine Kunst, ist Gottes Gabe
aus ein paar hellen Tagen sich so viel
Licht ins Herz zu tragen, dass, wenn der
Sommer längst verweht, das Leuchten
immer noch besteht.

(Johann Wolfgang von Goethe)

Ach, alles ereignet sich einmal nur,

aber einmal muss alles gescheh'n.

(Michael Ende / Unendliche Geschichte)

Mehr aus unserem Verlag:

Märchen psychologisch gedeutet

Von Trennung, Tod und Trauer
ISBN E-Book: 978-3-946280-02-6

ISBN Printausgabe: 978-3-946280-32-3

ASIN: B015D045U2

Angst überwinden und stark sein
ISBN E-Book: 978-3-946280-05-7

ISBN Printausgabe: 978-3-946280-31-6

ASIN: B015WKTRYW

So finde ich mein Glück
ISBN E-Book: 978-3-946280-07-1

ISBN Printausgabe: 978-3-946280-30-9

ASIN: B015WKTWRY

www.by-arp.de